Manfred Mai
Platz und Sieg für Wilde Engel

Manfred Mai

Platz und Sieg für Wilde Engel

Mit Zeichnungen
von Eleonore Gerhaher

Hase und Igel®

Platz und Sieg für Wilde Engel

Für Lehrkräfte gibt es zu diesem Buch ausführliches Begleitmaterial:
Ernestina Prettenhoffer, Materialien und Kopiervorlagen zu
Manfred Mai, Platz und Sieg für Wilde Engel
48 Seiten / Kopiervorlagen A4
ISBN 978-3-86760-334-8

Ungekürzte und einmalige Sonderausgabe des Titels,
der erstmals 2005 im Hase und Igel Verlag erschienen ist.

www.hase-und-igel.de
Druck: CPI – Ebner & Spiegel, Ulm

Best.-Nr. 5293-4

Inhalt

1. Skaten – aber wo? 7
2. Dorothee ist nicht zerbrechlich 21
3. Wie Herr Marcarella zum Maikäfer wurde . . 28
4. Wie Seifenblasen … 34
5. Noch keine Weltmeister … 38
6. Luca hält eine Rede 46
7. Wer soll Trainer sein? 54
8. Wilde Engel auf Erfolgskurs 60
9. Melindas Inliner sind weg! 68
10. Ein spannendes Spiel 76
11. Jetzt wird gefeiert! 89

1. Kapitel

Skaten – aber wo?

Die Haustür der Villa im Nelkenweg 4 öffnete sich langsam. Dorothee kam mit einem prall gefüllten Rucksack auf dem Rücken heraus und zog die Tür ganz vorsichtig hinter sich zu. Dann lief sie auf Zehenspitzen durch den Garten. Noch bevor sie das Tor erreichte, schlug ihr Hund an. Dorothee lief schneller, riss das Tor auf und rannte, was die Beine hergaben, den Nelkenweg entlang. Dabei hörte sie den Hund wie verrückt bellen. Erst als sie in den Fliederweg einbog, wurde Dorothee langsamer und blieb schließlich stehen. Sie beugte sich vornüber, stützte sich mit den Händen auf den Oberschenkeln ab und atmete heftig. Dann schaute sie zurück, aber außer einem Jungen, der mit seinem Ball spielte, war niemand zu sehen. Dorothee ging weiter, überquerte die Hauptstraße und stand wenig später vor dem Wohnblock in der Berliner Straße 13. Dort drückte sie auf den Klingelknopf der Familie Marcarella.

„Ja, bitte?“, krächzte Melindas Stimme verzerrt durch die Sprechanlage.

„Ich bin's – Doro."

„Hat alles geklappt? Hast du sie dabei?", fragte Melinda.

„Klar!"

„Warte, ich komm gleich runter."

Dorothee nahm den Rucksack vom Rücken, stellte ihn auf die Treppe und setzte sich daneben. Es dauerte keine zwei Minuten, bis die Tür aufging und Melinda herauskam.

„Hallo, Doro!"

„Hallo, Meli!"

Melinda hielt ihre schon etwas abgenutzten Inlineskates in den Händen und setzte sich neben Dorothee. „Na los, pack die Dinger schon aus!"

Dorothee öffnete den Rucksack und holte funkelnagelneue Inliner heraus: grau-schwarz mit schmalen, roten Zickzackstreifen.

„Wow!“, staunte Melinda. „Und deine Eltern haben nichts gemerkt?“

Dorothee schüttelte den Kopf und erzählte, wo sie die Inlineskates versteckt hatte und wie sie aus dem Haus geschlichen war. „Nur Hasso hätte mich mit seinem Gebell fast noch verraten.“

„Hauptsache, wir können endlich zusammen skaten“, sagte Melinda.

Dorothees Eltern hatten ihrer Tochter das Skaten verboten, weil sie es für zu gefährlich hielten. Außerdem war es ihrer Meinung nach viel besser für Dorothees Entwicklung, wenn sie in ihrer Freizeit fleißig Klavier spielte und zum Ballett ging.

Bisher hatte Dorothee deswegen nur mit Melindas Inlinern fahren können. Aber dass eine von ihnen immer zuschauen musste, fanden beide doof.

Dorothees Großeltern waren zum Glück weniger ängstlich: 60 Euro hatten sie ohne Wissen der Eltern zu den Inlineskates beigesteuert. Den Rest hatte sich Dorothee in den letzten Monaten von ihrem Taschengeld zusammengespart.

Die beiden Mädchen zogen ihre Inliner an, streiften Knie-, Ellbogen- und Handgelenkschützer über und fuhren los.

„Yippiiiyeah!“, rief Melinda übermütig und ballte die Faust vor Freude.

Mal fuhren sie auf der Straße, mal auf dem Gehweg, je nachdem, wo gerade weniger los war. Einmal hupte ein Autofahrer und zeigte den Mädchen wütend einen Vogel.

Vor einem Schreibwarengeschäft kam Dorothee gerade noch an einem Kinderwagen vorbei, streifte dann aber eine Frau am Arm. Die sprang zur Seite und rief: „He! Pass gefälligst auf! Und überhaupt darf man mit diesen Dingern nicht auf dem Bürgersteig fahren.“

Dorothee und Melinda düsten davon in Richtung Freibad. Dort trafen sich die jungen Inlineskater meistens, weil sie auf dem Parkplatz ungestört fahren konnten … – fast ungestört! An einem Ende des Parkplatzes wohnte der Rentner Anton Besenthal. Und der fühlte sich durch die Skater sehr gestört.

Melinda und Dorothee hörten Anton Besenthal schon von Weitem schimpfen. Als sie auf den Parkplatz einbogen, sahen sie, wie er drohend seinen Gehstock durch die Luft schwang.

„Verschwindet hier, sonst mache ich euch Beine!“, grollte er.

Ein paar Kleinere fuhren ängstlich davon. Die Größeren blieben in sicherem Abstand zu dem Gehstock stehen.

Philipp, der die 7. Klasse des Gymnasiums besuchte, sagte: „Der Platz gehört der Stadt und nicht Ihnen. Also können Sie uns nicht verbieten hier zu fahren.“

„Du wirst gleich sehen, was ich kann!“, drohte Anton Besenthal und kam Philipp mit seinem Stock gefährlich nahe.

Dorothee war noch wütend wegen des Autofahrers und der Frau vor dem Schreibwarengeschäft. Und jetzt sollte sie auch hier mit ihren neuen Skates nicht fahren dürfen?

„Auf der Straße dürfen wir nicht fahren, weil die Autos wichtiger sind!“, schrie sie Anton Besenthal entgegen. „Auf dem Gehweg dürfen wir nicht fahren, weil die Fußgänger wichtiger sind. Auf dem Radweg gehen die Fahrradfahrer vor und hier wollen Sie uns nicht fahren lassen, weil das bisschen Lärm Sie stört.

Alle denken, sie können uns wegjagen, nur weil wir noch Kinder sind. Aber wir lassen uns nicht immer und überall wegjagen!“

„Genau“, bekräftigte Philipp. „Wir haben nämlich auch Rechte!“

„Ihr und Rechte.“ Anton Besenthal lachte höhnisch. „Verdient ihr erst mal eure Brötchen selbst, ihr frechen Rotznasen!“

„Wir sind überhaupt nicht frech“, wehrte sich Dorothee. „Wir sagen nur unsere Meinung. Und das dürfen wir genauso wie Sie.“

„Das wird ja immer schöner“, ereiferte sich Anton Besenthal. „Du bist kaum aus dem Kindergarten raus und willst mir Vorträge halten. Dir sollte man ein paar hinter die Ohren geben!“

„Sie sind wohl nicht ganz dicht!“, rief Luca, der nicht so viele Worte machte wie Philipp und Dorothee. Am liebsten hätte er sich auf Anton Besenthal gestürzt, aber das traute er sich dann doch nicht.

„Was glauben Sie eigentlich, wer Sie sind?“, fragte Philipp, immer noch ruhig. „Erst drohen Sie mit dem Stock und jetzt wollen Sie auch noch Ohrfeigen verteilen. Das ist ja Kindesmisshandlung! Wir gehen sofort zur Polizei und zeigen Sie an!“

„Na warte, wenn ich dich erwische!“, drohte Besenthal.

Aber er erwischte weder Philipp noch eines der anderen Kinder. Die waren viel zu schnell für ihn!

Die Kinder gingen nicht zur Polizei, weil Philipp eine bessere Idee hatte: „Wir gehen ins Rathaus und beschweren uns beim Bürgermeister, dass wir nirgendwo einen Platz zum Skaten haben."

„Beim Bürgermeister?", wiederholte Melindas kleiner Bruder Mario skeptisch. „Der redet doch nicht mit Kindern."

„Das werden wir schon sehen“, sagte Philipp entschlossen. „Wer kommt mit?“

Ein paar von den Jüngeren trauten sich nicht und verzogen sich. Aber Dorothee, Melinda, Caroline, Luca, Mario und Vedran waren dabei.

Etwa zwanzig Minuten später rollten sie ins Vorzimmer des Bürgermeisters Wolfgang Weihrauch. Dessen Sekretärin, Frau Reiber, deutete auf die Inlineskates und sagte: „Die sind aber im Rathaus nicht erlaubt.“

„Die sind nirgendwo erlaubt“, entgegnete Philipp. „Und genau deswegen sind wir hier.“

„Wie … wieso genau deswegen?“, fragte Frau Reiber verdutzt. „Was wollt ihr überhaupt?“

„Wir möchten mit dem Bürgermeister reden.“

Frau Reiber sah die Kinder an, als habe sie sich verhört. „Mit dem Bürgermeister reden – soso“, wiederholte sie und schüttelte den Kopf. „Erstens ist er noch gar nicht hier und zweitens hat er um halb drei einen wichtigen Termin.“

„Wir sind auch wichtig“, sagte Dorothee ein wenig trotzig.

„Ja, … schon, aber …“

Philipp schaute auf die Uhr. „Viertel nach zwei“, murmelte er. „Ich schlage vor, wir warten, bis er kommt.“

„Ich hab euch doch gesagt, dass er einen Termin hat."

„Vielleicht kommt er ja früher und hat noch ein paar Minuten Zeit für uns." Philipp ließ nicht locker.

Frau Reiber klang jetzt ziemlich genervt: „Dann wartet ihr aber draußen, damit ich hier weiterarbeiten kann."

Die Kinder rollten und staksten aus dem Büro.

Im Gang standen nur fünf Stühle. Dorothee und Mario erwischten keinen mehr.

„Ich will aber auch sitzen", beschwerte sich Mario.

Vedran schielte zu Dorothee hoch und spürte dieses Kribbeln im Bauch, das er in letzter Zeit oft fühlte, wenn er Dorothee ansah oder an sie dachte. Mit klopfendem Herzen stand er auf und bot ihr seinen Platz an. Dorothee sah Vedran an und wurde knallrot. Bevor sie etwas sagen oder tun konnte, nutzte Mario die Verlegenheit der beiden aus und setzte sich blitzschnell auf den freien Stuhl.

„He! Der ist nicht für dich!", protestierte Vedran.

„Jetzt macht nicht so ein Theater wegen dem blöden Stuhl", zischte Philipp, der allmählich sauer wurde. „Wir sind doch nicht im Kindergarten, oder?"

Alle schwiegen ein wenig betreten und warteten still auf den Bürgermeister. Viele Gedanken schwirrten durch ihre Köpfe.

„Sollen wir die Inliner nicht lieber ausziehen?“, meinte Caroline schließlich.

„Das hab ich auch schon gedacht“, sagte Melinda. „Aber wir können ja auch nicht auf Strümpfen zum Bürgermeister.“

„Vielleicht …“ Caroline schluckte. „… vielleicht sollten wir lieber gehen, bevor er kommt.“

„Spinnst du?“ Luca tippte sich an die Stirn. „Jetzt sind wir einmal hier, jetzt bleiben wir auch! Mehr als rausschmeißen kann er uns ja nicht.“

„Genau“, stimmte Philipp ihm zu.

Sie schwiegen wieder, hingen ihren Gedanken nach und schauten abwechselnd auf die Uhr und auf die Tür am Ende des langen Gangs.

Irgendwann flüsterte Mario: „Ich muss mal.“

Die anderen verdrehten nur die Augen.

„Ich kann doch nichts dafür, wenn ich mal muss“, verteidigte sich Mario.

„Jetzt wird nicht gepinkelt!“, bestimmte Luca streng.

„Aber ich …“

In diesem Augenblick kam ein großer Herr mit Brille und einem stattlichen Bäuchlein um die Ecke: der Bürgermeister! Er wunderte sich, dass Kinder vor seinem Zimmer saßen. „Was macht ihr denn hier?“, fragte er erstaunt, aber nicht unfreundlich.

„Wir … wir wollen zu Ihnen“, antwortete Philipp, der als Erster die Fassung wiedergewann.

„Zu mir, soso.“ Herrn Weihrauchs Blick fiel auf die Füße der Kinder. „Es ist aber nicht üblich, mit diesen Dingern durchs Rathaus zu fahren.“

„Wir können sie ja ausziehen“, bot Luca an.

„Nein, lieber nicht“, wehrte der Bürgermeister schmunzelnd ab.

Die Vorzimmertür ging auf und Frau Reiber kam heraus. „Ich habe den Kindern gesagt, dass Sie gleich einen wichtigen Termin haben und nicht …“

„Ist schon gut, Frau Reiber“, unterbrach sie Herr Weihrauch. „Sagen Sie bitte Herrn Wolff Bescheid, dass ich ein paar Minuten später komme. Ich möchte nämlich gern wissen, was die Kinder auf dem Herzen haben.“

„Äh … ja, natürlich“, sagte Frau Reiber ein wenig stockend. Man merkte ihr an, dass sie das Verhalten des Bürgermeisters keineswegs „natürlich“ fand. Sie verschwand in ihrem Vorzimmer und drückte die Tür dabei etwas kräftiger zu als nötig.

„Na, was gibt's? Warum kommt ihr zu mir?“, wollte der Bürgermeister wissen.

Philipp fing an zu berichten, dass viele Kinder Inlineskates hätten, aber nirgendwo einen Platz zum Fahren. Die anderen hörten zu und ergänzten hin und wieder Philipps Bericht. Zum Schluss sagte er: „Sie sind der Bürgermeister und müssen den Leuten sagen, dass wir einen Platz zum Skaten brauchen."

„Zuerst möchte ich *euch* mal etwas sagen." Der Bürgermeister schaute die Kinder der Reihe nach an. „Ich finde es prima, dass ihr zu mir gekommen seid und mir euer Problem geschildert habt. Wir werden auch versuchen eine Lösung zu finden. Das geht allerdings nicht so einfach, wie ihr es euch anscheinend vorstellt. Der Bürgermeister ist nämlich kein ... – Tja, wie soll ich euch das am besten erklären? Er ist kein König, der den Leuten einfach so befehlen kann, was sie zu tun haben. In unserer Stadt entscheidet der Stadtrat, ob zum Beispiel ein Platz für Inlineskater gebaut wird."

Als die Kinder etwas betreten schauten, zwinkerte er ihnen zu. „Aber als Bürgermeister habe ich dabei natürlich ein Wörtchen mitzureden. Und ich werde das Thema bei einer der nächsten Stadtratssitzungen auf die Tagesordnung setzen. Das verspreche ich euch."

Die Kinder wussten nicht so recht, was das bedeutete. Aber es hörte sich zumindest nicht schlecht an.

„Und noch etwas verspreche ich euch: Wenn der Parkplatz beim Freibad nicht benutzt wird, dürft ihr dort selbstverständlich skaten. Das werde ich notfalls auch Herrn Besenthal mitteilen."

Die sieben Freunde hätten am liebsten laut gejubelt, aber im Rathaus trauten sie sich das nicht. Stattdessen sagten sie alle „Danke" und Philipp gab dem Bürgermeister dabei die Hand.

„So, und jetzt ab mit euch", sagte Herr Weihrauch. „Aber langsam und leise, das Rathaus ist schließlich keine Rollschuhbahn."

Ausgiebig gejohlt und gejubelt wurde dann auf dem Rathausplatz. Die Kinder lagen sich lachend in den Armen. Ein wenig länger als bei den anderen dauerte die Umarmung bei Vedran und Dorothee.

Abends vor dem Einschlafen dachte Dorothee an diesen Augenblick zurück. Wenn Vedran sich doch bloß mal trauen würde sie einzuladen – ins Kino oder zum Eisessen. Dann hätten sie endlich einmal ein bisschen Zeit für sich. Natürlich mochte sie die anderen, aber mit Vedran – das war schon was anderes!

2. Kapitel

Dorothee ist nicht zerbrechlich

Innerhalb weniger Tage verwandelte sich der unbenutzte Teil des Freibadparkplatzes in eine provisorische Skatingbahn. Die Kinder besorgten Bretter, Steine und Holzstücke und bauten damit eine kleine Rampe, eine Brücke, eine Wippe und einen Slalomkurs.

Wer schon sicher auf den Rollen stand und mutig genug war, wagte sich über die Hindernisse. Die anderen fuhren lieber daran vorbei. Und in einer ruhigen Ecke machten die Anfänger ihre ersten vorsichtigen Fahrversuche.

Anton Besenthal beschwerte sich beim Bürgermeister über den Trubel auf dem Parkplatz. Außerdem schrieb er einen Leserbrief, den die Kreiszeitung abdruckte. Darin verlangte Besenthal, die Stadt solle für die lärmenden Kinder einen anderen Platz suchen, „... aber möglichst weit draußen, damit anständige Bürger ihre Ruhe haben“.

Als Antwort schrieben auch die Kinder einen Leserbrief, in dem sie sich dagegen wehrten, von vielen Erwachsenen nur als lästige, ruhestörende „Monster“ behandelt zu werden. „Das lassen wir uns nicht mehr gefallen! Wir Kinder sind nämlich vollwertige Menschen, genau wie Erwachsene.“ Diesen Leserbrief unterschrieben alle Kinder aus der Skaterclique.

Ein Reporter der Kreiszeitung machte ein paar Fotos von dem umgestalteten Parkplatz beim Freibad und schrieb einen Artikel zum Thema „Inlineskating“. Er forderte die Stadtverwaltung auf, sich dem Trend nicht zu verschließen und für die Kids eine richtige Skateranlage zu errichten.

Die beiden Leserbriefe und der Artikel sorgten für Gesprächsstoff im Städtchen – und in vielen Familien.

Dorothees Vater las beim Frühstück in der Zeitung und stutzte plötzlich. „Das da …“ Er unterbrach seinen Satz und beugte sich nach vorn, um das Foto genauer zu sehen. „Das bist ja du!“

Er hob den Kopf, schaute seine Tochter an, dann wieder das Foto, als müsse er sich noch einmal vergewissern.

„Wo ist Dorothee?“, fragte seine Frau. „Lass mich mal sehen!“

Der Vater gab ihr die Zeitung.

„Tatsächlich!“, sagte sie. „Und auch mit so … so Rollschuhen an den Füßen.“

Das sind keine Rollschuhe, sondern Inlineskates!, wäre es Dorothee beinahe rausgerutscht, aber sie konnte es sich gerade noch verkneifen.

„... obwohl wir dir verboten haben, mit solchen Dingern zu fahren."

„Alle fahren damit", versuchte sich Dorothee zu verteidigen.

„Erstens fahren nicht alle damit", widersprach ihr Vater. „Und zweitens bist du nicht alle."

„Aber ich ..."

„Dorothee", unterbrach ihre Mutter sie, „du weißt genau, warum wir nicht wollen, dass du mit diesen Dingern fährst."

„Es ist gar nicht so gefährlich, wie ihr denkt“, behauptete Dorothee. „Man muss nur richtig fallen können.“

Ihre Eltern sahen sich schockiert an.

„Du gibst also zu, dass man beim Skaten stürzen kann?“, hakte der Vater nach.

„Natürlich. Man kann auch beim Radfahren stürzen und das habt ihr mir auch nicht verboten.“

„Vielleicht sollten wir das tun“, meinte ihre Mutter.

„Mama“, entgegnete Dorothee eindringlich, „ich bin nicht aus Glas und schon gar nicht zerbrechlich!“

Und wie schon so oft mündete das Hin und Her in einen Vortrag der Mutter über die Pläne der Eltern mit ihrer Tochter. Sie galt als musikalisches Talent am Klavier und sollte ordentlich üben, um später einmal Musik zu studieren und Konzertpianistin zu werden.

Um ihren Körper zu schulen, hatte sie zweimal in der Woche Ballettunterricht. Aber Dorothee hasste das Ballett! Ihr erschien dabei alles so furchtbar unnatürlich. Am liebsten hätte sie deshalb sofort mit dem Unterricht aufgehört. Aber das erlaubten ihre Eltern nicht.

Klavier spielen hasste Dorothee nicht, im Gegenteil: Sie spielte sehr gern. Mit ihrer Lehrerin machten manchmal sogar die Übungsstunden Spaß. Und Dorothee lernte schnell. Über ihren späteren Beruf machte sie sich aber noch keinerlei Gedanken. Vor allem wollte sie nicht akzeptieren, dass sie *jetzt* bestimmte Dinge tun oder lassen sollte, nur um später vielleicht einmal Konzertpianistin zu werden. Genauso sagte sie das nun auch ihren Eltern.

„Du bist noch viel zu jung, um selbst beurteilen zu können, was gut für dich ist", meinte ihre Mutter.

„Ich weiß auf jeden Fall, was ich mag und was mir Spaß macht", hielt Dorothee dagegen.

„Das Leben besteht nicht nur aus Spaß, mein Kind", sagte ihr Vater.

„Das weiß ich." Dorothee wurde immer mutiger. „Die Schule ist kein Spaß, die Klavierstunden auch nicht immer und der Ballettunterricht nie. Er ist ätzend! Wenn ich weiter ins Ballett muss, möchte ich auch noch irgendetwas tun, was mir Spaß macht."

„Skaten“, sagte ihr Vater.

Dorothee nickte. Ihre Mutter seufzte.

Ihr Vater zeigte auf das Foto in der Zeitung. „Sag mal, Dorothee, sind das *deine* Inlineskates?“

Wieder nickte sie.

„Und woher hast du die?“

„Gekauft.“

„Die sind aber nicht ganz billig, soviel ich weiß.“

„Ich habe mein Taschengeld gespart“, sagte Dorothee. Dass sie von den Großeltern auch noch Geld bekommen hatte, verschwieg sie lieber. Ihr Vater mochte es nämlich nicht, wenn sie die Großeltern anbettelte.

„Du hast monatelang dein Taschengeld gespart, um dir diese Dinger kaufen zu können?“, fragte ihr Vater verblüfft.

„Mh-mm“, murmelte Dorothee zustimmend.

„Alle Achtung, das ist eine Leistung“, sagte er anerkennend. „Dann hast du ja auf einiges verzichtet in dieser Zeit.“

„Ja …, schon.“

„So wichtig sind sie dir?“

„Skaten ist ganz toll und überhaupt nicht gefährlich, wenn man's kann“, antwortete Dorothee. „Das müsst ihr unbedingt einmal probieren! Es fahren nämlich auch viele Erwachsene.“

„So weit kommt's noch", entgegnete ihre Mutter entsetzt.

„Ich fange das nicht mehr an in meinem Alter", wehrte auch ihr Vater ab. „Aber ich glaube, wir müssen uns noch einmal in Ruhe über deine Freizeitgestaltung unterhalten. Jetzt ist dafür allerdings nicht der richtige Zeitpunkt. Du musst in die Schule, ich muss ins Geschäft. Also vertagen wir das Gespräch."

3. Kapitel

Wie Herr Marcarella zum Maikäfer wurde

Ganz anders verlief das Gespräch in Melindas und Marios Familie. Herr und Frau Marcarella fanden es nämlich prima, dass ihre Kinder sich gegen die Aussagen bestimmter Erwachsener wehrten. Als sie erfuhren, dass Melinda und Mario sogar beim Bürgermeister gewesen waren und sich für eine Skateranlage eingesetzt hatten, waren die Eltern richtig stolz auf ihre Kinder.

„Ich finde es stark vom Bürgermeister, dass er euch zugehört hat“, sagte Frau Marcarella.

Herr Marcarella nickte. „Das tun bestimmt nicht alle Bürgermeister.“

„Wieso eigentlich nicht?“, fragte Melinda. „Ein Bürgermeister muss doch auch für die Kinder da sein.“

„Ja, schon“, stimmte ihr Vater zu. „Aber Kinder dürfen noch nicht wählen. Deswegen sind sie leider für viele Politiker auch nicht so wichtig.“

„Wir sind genauso wichtig wie die Erwachsenen!“, empörte sich Melinda. „Außerdem sind wir irgendwann alt genug zum Wählen. Dann erinnern wir uns ja daran, welcher Politiker sich für uns eingesetzt hat und welcher nicht."

„Genau", bekräftigte Mario, der auch einmal etwas sagen wollte.

Melinda war noch nicht fertig mit ihrem Gedanken. „Und bis dahin müsst ihr eben für uns die Politiker wählen, die auch für Kinder da sind."

Herr Marcarella schmunzelte und zwinkerte seiner Frau zu. „Unsere Tochter ist ja richtig kämpferisch."

„Solche Mädchen und Frauen braucht das Land dringend, damit die Männer nicht mehr einfach alles allein bestimmen", meinte Frau Marcarella energisch.

„Wenn ich bestimmen dürfte, würde ich eine ganz tolle Skateranlage bauen lassen", sagte Melinda.

Mario nickte. „Ich auch."

Während die beiden von ihrer Traum-Skateranlage schwärmten, murmelte Frau Marcarella: „Ich würde auch gerne mal mit Inlineskates fahren."

„Duuuu?", fragten Melinda und Mario wie aus einem Mund.

„Jawohl: ich! Oder glaubt ihr vielleicht, ich könnte das nicht?"

„Aber du … du … du bist …"

„Sagt bloß nicht, ich sei zu alt dafür, sonst könnt ihr was erleben!" Frau Marcarella drohte ihren Kindern mit erhobenem Zeigefinger. „Ich bin schon als Kind viel Rollschuh gelaufen und war früher eine gute Schlittschuhläuferin. Da werde ich es heute wohl auch noch mit Inlineskates schaffen."

„Also, mich würde es auch mal reizen", gab Herr Marcarella zu.

„Au ja", rief Mario. „Dann machen wir ein Wettrennen!"

Melinda war alles andere als begeistert. Sie hielt ihre Eltern tatsächlich für zu alt. Aber alles Reden war vergeblich.

Gleich am nächsten Tag liehen sich Herr und Frau Marcarella von Bekannten fahrbare Schuhe und probierten sie aus. Sie kamen zum Erstaunen ihrer Kinder gut zurecht und bewegten sich bald ziemlich sicher. Also entschlossen sie sich eigene Inlineskates zu kaufen. Gesagt – getan: Schon ein paar Tage später fuhren sie damit in Richtung Freibad und bogen mit einer eleganten Kurve auf den Parkplatz ein.

„Hey! Guck mal, deine Eltern!", rief Dorothee überrascht.

„Ohhh nein, das ist ja peinlich!", stöhnte Melinda und wurde ganz rot.

„Wieso das denn? Ich wünschte, ich hätte so sportliche Eltern!"

Ihre eigenen hatten Dorothee nach einem langen Gespräch zwar erlaubt, neben dem Klavier- und Ballettunterricht auch zu skaten, aber sie musste versprechen, nicht über Hindernisse zu fahren oder Kunststücke auszuprobieren.

„Hallo, Mama! Hallo, Papa! Guckt mal, was ich schon kann!“, rief Mario, als er seine Eltern entdeckte. Ziemlich flott fuhr er ihnen entgegen, drehte sich plötzlich um die eigene Achse und rollte seinem Vater rückwärts in die Arme.

„Vorsicht!“, rief Herr Marcarella und wollte sich an Mario festhalten. Aber die acht Rollen unter seinen Füßen machten sich selbstständig. Ziemlich unsanft landete er auf dem Po, wobei er Mario mitriss, der jedoch schön weich auf dem Bauch seines Vaters landete.

Herr Marcarella zappelte wie ein Maikäfer, der auf dem Rücken liegt. Einige Kinder kicherten verstohlen, andere mussten lauthals lachen. Herr Marcarella sah einfach zu komisch aus!

Melinda hätte sich am liebsten in Luft aufgelöst, so sehr schämte sie sich.

Frau Marcarella half ihrem Mann auf die Beine. Als er endlich stand, sagte Mario mit einem Augenzwinkern: „Papa, du hast ausgesehen wie ein Maikäfer, der auf dem Rücken gelandet ist und nicht mehr hochkommt. Sag mal, kannst du auch rückwärts *fahren?*"

„Ich glaube nicht", antwortete sein Vater mit einem gequälten Grinsen und rieb sich die schmerzende Pobacke. „Aber ich kann rückwärts landen, wie du siehst."

„Machen wir mal ein Wettrennen?", fragte Mario.

Aber Herr Marcarella lehnte ab. Nach seiner unsanften Landung fühlte er sich dafür einfach noch nicht fit genug auf den Rollen.

„Feigling! Feigling!", neckte ihn Mario. „Du hast ja bloß Angst, dass du verlierst."

Damit traf er bei seinem Vater eine empfindliche Stelle. „Na warte, mein Lieber, dir werd ich's zeigen!"

„Bitte, Papa, nicht!", versuchte Melinda ihn zu beruhigen.

„Ich lass mich doch von meinem Sohn nicht ‚Feigling' nennen!" Er machte sich zum Rennen bereit.

„Jetzt mach doch keinen Quatsch", bat ihn seine Frau. „Nicht, dass noch was passiert."

Aber Herrn Marcarella hatte der Ehrgeiz gepackt. Er hörte nicht auf sie. Stattdessen sagte er zu Mario: „Hier starten wir, und wer als Erster da drüben am Zaun anschlägt, hat gewonnen!"

Mario stellte sich neben seinen Vater. Die anderen machten die Bahn frei und bildeten eine Gasse. Nur

Melinda fuhr schnell in eine andere Ecke des Parkplatzes. Sie fand ihren Vater unmöglich und wollte sich das Rennen nicht auch noch ansehen.

Luca gab das Startkommando: „Auf die Plätze ... – fertig ... – los!“

Herr Marcarella wollte besonders kraftvoll starten, doch dabei glitten die Rollen nach hinten weg und er landete erneut auf dem Boden – diesmal auf dem Bauch. Damit war das Rennen für ihn beendet, bevor es überhaupt begonnen hatte. Weil er sich nicht wehgetan hatte, konnte er herzhaft über sich selbst lachen, rappelte sich mühsam am Arm seines Sohnes hoch und gab ihm einen Knuff auf den Oberarm: „Okay, Juniormeister, ich geb mich geschlagen!“

4. Kapitel

Wie Seifenblasen …

Mit jedem Tag wurde die Clique vom Freibadparkplatz ein wenig sicherer auf den Rollen. Einfach durch die Gegend zu skaten war den meisten von ihnen bald zu langweilig. Auch die selbst gebauten Hindernisse verloren langsam ihren Reiz.

Da brachte Luca eines Nachmittags seinen Fußball mit. „Los, Leute, wir spielen Inlinefußball!"

Einige wollten nicht, andere waren sofort dabei. Der halbe Parkplatz wurde zu einem Fußballfeld, zwei Paar Schuhe markierten die Tore. Luca und Philipp wählten zwei Mannschaften und das Spiel begann. Sie merkten schnell, wie schwierig es war, gleichzeitig den Ball zu führen, die Mitspieler im Auge zu behalten, abzuspielen und sich dabei auf den Beinen zu halten. Es gab so viele Zusammenstöße und Stürze, dass die meisten bald die Lust verloren.

„Inlinefußball ist blöd", maulte Vedran. „Ich hab eine bessere Idee."

„Da bin ich ja mal gespannt", brummte Luca ein wenig beleidigt.

„Wir brauchen Schläger, dann können wir Hockey spielen", schlug Vedran vor.

„Hockey?!", fragte Melinda.

„Das ist gut!", rief Mario.

„Dass ich darauf nicht selbst gekommen bin", murmelte Philipp.

„Und woher nehmen wir die Schläger?", wollte Dorothee wissen.

Luca und Philipp hatten zu Hause Eishockeyschläger. Aber sonst besaß niemand einen.

„Hockeyschläger kann man doch in jedem Sportgeschäft kaufen", sagte Luca.

„Ja klar, wenn man Geld hat, kann man alles kaufen."

Luca sah Dorothee verwundert an. „Ihr habt doch genug Geld. Deine Eltern haben schließlich eine Fabrik."

„Deswegen kaufen sie mir noch lange nicht alles", entgegnete Dorothee. „Und *ich* kann mir schon gar nicht alles kaufen, weil ich nicht viel Taschengeld bekomme."

Jetzt mischten sich auch die anderen ein und es gab eine heiße Diskussion. Dabei stellte sich heraus, dass Dorothee zwar die reichsten Eltern hatte, aber weniger Taschengeld bekam als die meisten ihrer gleichaltrigen Freunde.

„Versteh ich nicht“, meinte Vedran. „Warum sind deine Eltern denn so geizig?“

„Sie wollen, dass ich mit Geld umgehen lerne und sparsam werde“, antwortete Dorothee.

„Warum sollst du denn sparsam werden, wenn ihr genug Geld habt?“, fragte Luca verständnislos.

„Mann, das ist doch jetzt total egal!“, redete Melinda dazwischen. „Sie hat jedenfalls kein Geld, um sich einen Schläger zu kaufen. Genau wie ich. Und wie sollen wir ohne Schläger Hockey spielen?“

Schon entbrannte die nächste Diskussion. An deren Ende fuhren die acht Kinder, die beim Inlinehockey mitspielen wollten, zum Sportgeschäft in der Fußgängerzone, um nach den Preisen für die Schläger zu fragen.

„Kommt drauf an“, gab der Verkäufer Auskunft, „zwischen 10 und 22 Euro müsst ihr schon anlegen.“

Die Kinder seufzten. Einige sahen den Traum vom Inlinehockey wie eine Seifenblase zerplatzen.

Philipp fing sich als Erster wieder. „Wir sind zu acht. Zwei von uns haben schon einen Schläger. Wenn die anderen sechs alle einen kaufen, bekommen sie dann Mengenrabatt?“

Der Verkäufer musste lachen. „Du bist ja ein ganz Schlauer. Na ja, mal sehen, was sich machen lässt. Ich muss natürlich zuerst mit meiner Chefin reden.

Aber bei sechs Schlägern dürften 10 Prozent Rabatt drin sein."

Die Kinder guckten, als hätte der Verkäufer Chinesisch gesprochen, und versuchten den Endpreis auszurechnen, aber ohne Ergebnis. Nur Philipps Gehirn arbeitete auf Hochtouren. Was es ausrechnete, war allerdings nicht sehr ermutigend: Auch wenn die Schläger 10 Prozent billiger wurden, kosteten sie immer noch zwischen 9 und 20 Euro pro Stück – und das war für die Kinder viel Geld.

„Ich kauf mir trotzdem einen", sagte Mario. „Ich hab genug Geld in meinem Sparschwein."

„Da musst du aber zuerst Mama und Papa fragen", meinte Melinda.

„Das ist mein Geld, damit kann ich machen, was ich will!", behauptete Mario.

„Ich schlage vor, ihr besprecht alles mit euren Eltern", mischte sich der Verkäufer ein. „Und wenn ihr genug Geld habt, kommt ihr wieder."

Mit hängenden Schultern verließen die Kinder das Geschäft. Jeder überlegte fieberhaft, wie er in den Besitz eines Hockeyschlägers kommen könnte.

5. Kapitel

Noch keine Weltmeister …

Am nächsten Tag hatten sechs Kinder einen Hockeyschläger dabei. Am übernächsten waren es schon elf. Einige Schläger waren neu gekauft, andere ausgeliehen und wieder andere selbst gemacht. Dabei gab es sehr originelle Geräte: Vedran hatte den krumm gewachsenen Ast einer Buche abgesägt, die kleinen Zweige und die Rinde entfernt und den Stiel mit Schmirgelpapier schön geglättet. Der Schläger war zwar ein bisschen kurz, aber das störte Vedran nicht. Hauptsache, er konnte mitspielen!

Melinda hatte im Keller zwei ausgediente Spazierstöcke ihres verstorbenen Großvaters entdeckt und an die Griffe ein kurzes Lattenstück genagelt. Damit konnten sie und ihre Freundin Dorothee ebenfalls mitmachen.

Und Christian hatte sich heimlich einen Golfschläger seines Vaters „ausgeliehen“.

„Damit kannst du vielleicht einen Golfball einlochen, aber nicht Hockey spielen“, stichelte Luca.

„Das wirst du schon sehen“, gab Christian zurück.

„Der soll mit seinem Eisendings ins Tor, sonst macht er noch unsere Schläger kaputt“, sagte Mario, der Angst um seinen nagelneuen Hockeyschläger hatte, für den fast der gesamte Inhalt seines Sparschweins draufgegangen war.

„Die Kleinsten müssen sowieso ins Tor“, sagte Philipp.

„Genau, sonst stehen sie im Weg“, meinte Luca.

Die beiden wählten zwei Mannschaften. Auf Lucas Seite standen Vedran, Mario, Melinda, Dorothee und Jens. Philipp hatte Hakan, Daniel, Caroline und Christian gewählt.

„Jetzt seid ihr sechs und wir nur fünf“, meckerte Hakan.

„Dafür haben wir zwei Mädchen“, entgegnete Luca. „Dann gleicht es sich wieder aus.“

„He, he, he!“, wehrten sich Melinda und Dorothee. „Willst du damit sagen, dass wir nur halb so viel wert sind wie ihr Jungs?“

„Ich … äh … ja …“

„Du tickst wohl nicht ganz richtig!“, rief Melinda empört. „Wir sind genauso viel wert wie ihr!“

„Ja, schon …“, druckste Luca herum.

„Sag jetzt bloß nicht ‚aber‘, sonst kannst du was erleben!“

„Spinnt ihr eigentlich?“, fragte Philipp. „Seid ihr zum Spielen oder zum Streiten gekommen?“

„Wenn der so einen Quatsch daherredet", sagte Melinda.

„Ich hab's doch gar nicht so gemeint", versuchte sich Luca herauszureden.

„Dann sag's auch nicht so", erwiderte Dorothee.

Damit war das Thema erledigt.

Philipp schickte Christian ins Tor und verteilte seine Mitspieler. Auf der Gegenseite musste Jens ins Tor. Melinda und Dorothee standen vor ihm in der Abwehr. Mario wollte mit seinem Freund Vedran unbedingt im Sturm spielen.

„Also gut", gab Luca nach. „Ich spiele sowieso überall."

Als alle bereit waren, warf Philipp einen Tennisball in die Luft. Hakan erwischte ihn und trieb ihn in die gegnerische Hälfte. Luca verfolgte Hakan, überholte ihn und spitzelte ihm im Vorbeifahren den Ball vom Schläger. Weil Hakan nicht schnell genug die Kurve kriegte, erreichte er den Ball nicht mehr. Der rollte Dorothee direkt vor den Schläger. Sie spielte ihn sofort zu Melinda, die von Philipp angegriffen wurde.

„Hier!", rief Luca. „Spiel zu mir!"

Aber Melinda drosch den Ball am heranrollenden Philipp vorbei nach vorn, wo ihr Bruder schon lauerte. Er stoppte den Ball, fuhr ein paar Meter, hörte

Vedran rechts rufen und spielte den Ball blind nach außen. Vedran erwischte ihn, umkurvte Caroline und passte wieder in die Mitte zu Mario, der mitgefahren war und den Ball an Christian vorbei ins Tor schoss.

„Toooor!“, jubelte Mario und riss die Arme hoch, als habe er den Siegtreffer im Weltmeisterschaftsfinale erzielt.

Während sich die Luca-Mannschaft über die Führung freute, schimpfte Hakan mit Christian: „Den Ball hättest du halten müssen, er ist dir ja fast über den Schläger gerollt!“

„Ich wollte ja gar nicht ins Tor“, brummte Christian.

„Du bleibst drin, sonst kannst du verschwinden!“, drohte Hakan.

„Spielen wir jetzt weiter oder gebt ihr schon auf?“, stichelte Luca.

„Du wirst gleich sehen, was wir tun“, gab Philipp zurück. Er ließ sich von Christian den Ball geben, flüsterte Hakan etwas ins Ohr, dann rollten die beiden langsam an. Als Erster stellte sich ihnen Luca entgegen, dahinter lauerten Mario und Vedran. Plötzlich gaben Philipp und Hakan Gas. Philipp holte aus, als wolle er den Ball nach links zu Hakan spielen. Luca, Mario und Vedran ließen sich täuschen und Philipp fuhr rechts an ihnen vorbei. Bevor Melinda und Dorothee eingreifen konnten, schoss Philipp aus voller Fahrt. Jens ließ seinen Schläger fallen, warf sich blitzschnell zur Seite und begrub den Ball unter sich.

„Super!“, riefen seine Mitspieler.

Auch Philipp lobte ihn. „Der Ball war eigentlich unhaltbar. Den hätte Christian nie im Leben gehalten.“

„Die sind einer mehr und haben den besseren Torwart“, meckerte Hakan wieder. „Da können wir ja nie gewinnen!“

„Jetzt spielen wir erst mal so weiter“, sagte Philipp. „Wir müssen eben mehr Laufarbeit leisten.“

„Habt ihr gehört?“, fragte Hakan Caroline und Daniel.

„Gib doch nicht so an!“, rief Daniel. „Du bist auch noch kein Weltmeister!“

„Aber ich …“

„Halt die Klappe!“, zischte Philipp. „Alle spielen, so gut sie können.“

Das taten sie auch. Natürlich konnten es nicht alle gleich gut, aber jeder strengte sich an. Philipp, Luca und Hakan waren die Besten, das zeigte sich schnell. Mario, Vedran und Melinda konnten mit ihnen läuferisch noch nicht mithalten, gingen dafür aber mit dem Schläger bald recht geschickt um. Das galt auch für Dorothee, nur war sie vorsichtiger als die anderen und ging jedem Zweikampf aus dem Weg.

Caroline verabschiedete sich nach einer halben Stunde, weil ihr das Hockeyspielen überhaupt keinen Spaß machte. Sie trat ihren Schläger an den wartenden Dominik ab, der Philipps Mannschaft deutlich verstärkte.

Der Schwächste von allen war Daniel. Die acht Rollen unter seinen Füßen fuhren einfach nicht dahin, wo er wollte. Deshalb hatte er mehr mit den Rollen als mit dem Gegner zu kämpfen. Aber er gab nicht auf, rappelte sich auch nach dem zehnten Sturz wieder hoch und kämpfte unverdrossen weiter. Von den beiden Torhütern war Jens eindeutig die Nummer eins. Er reagierte blitzschnell und warf sich tollkühn

in die schärfsten Schüsse. Auch deswegen führte seine Mannschaft nach einer Stunde mit 8:4.

„He, Leute, ich brauch mal 'ne Pause!", rief Hakan. „Mir hängt die Zunge gleich bis zum Boden."

Da auch die anderen ganz schön aus der Puste waren, hörten sie auf zu spielen und ruhten sich aus.

6. Kapitel

Luca hält eine Rede

Am Montag war Stadtratssitzung und auf der Tagesordnung stand als Punkt 2: Inlineskateranlage.

Schon zehn Minuten vor Beginn der Sitzung waren die Zuhörerränge bis auf den letzten Platz gefüllt und es saßen dort viel mehr junge Leute als sonst. Mit Philipp, Luca, Dorothee, Vedran, Melinda und Mario waren sogar sechs Kinder dabei, was es bei einer Stadtratssitzung noch nie gegeben hatte.

Bürgermeister Weihrauch begrüßte alle und sagte, er freue sich über das große Interesse gerade der jungen Leute an der Stadtpolitik. Dann rief er Punkt 1 der Tagesordnung auf: Renovierung der städtischen Straßen. 23 Stadträte und 4 Stadträtinnen diskutierten ausführlich darüber, ob jene Straße wirklich einen neuen Belag brauche, ob diese nicht verbreitert werden solle, ob bei einer anderen nicht ein Gehweg notwendig sei, ob wieder eine andere nicht als Fußgängerzone geeignet wäre und so weiter.

Die Kinder langweilten sich bald – bis auf Vedran und Dorothee. Die beiden saßen nebeneinander und waren so sehr mit sich selbst beschäftigt, dass die Diskussion an ihnen vorbeirauschte. Mal schielte er zu ihr herüber, mal sie zu ihm; mal berührte sie ihn wie zufällig, dann wieder er sie.

„Schau mal, Doro“, flüsterte Melinda plötzlich von der anderen Seite, „der Glatzkopf fällt immer wieder nach vorne. Der schläft bestimmt.“

„Mhm“, machte Dorothee nur.

„Der kann doch nicht schlafen“, redete Melinda weiter, „dann weiß er ja gar nicht, worum es geht.“

„Pssst!“, zischte jemand hinter ihr.

„Wann reden die denn endlich über Inlineskating?“, fragte Mario seinen Vater leise.

„Es dauert bestimmt nicht mehr lange“, antwortete Herr Marcarella, obwohl er natürlich keine Ahnung hatte.

Ein paar Minuten später schienen auch die Stadträte genug über Straßen diskutiert zu haben. Jedenfalls meldete sich niemand mehr zu Wort und der Bürgermeister konnte endlich den zweiten Punkt der Tagesordnung aufrufen.

Zuerst sprach er über die Situation der Familien, Jugendlichen und Kinder in unserer Gesellschaft. Dann sagte er, die Städte und Gemeinden müssten mit dazu beitragen, für Kinder und Jugendliche Orte zu schaffen, wo sie sich in friedlicher Weise austoben könnten. Dazu seien in erster Linie die Sportvereine da.

„Aber nicht alle Jugendlichen wollen in einen Sportverein. Sie wollen lieber ungebunden sein und tun, was ihnen Spaß macht. Spaß macht immer mehr Kindern, Jugendlichen und auch Erwachsenen das Fahren auf acht Rollen, das neudeutsch ‚Inlineskating' genannt wird. In letzter Zeit schießen die Skateranlagen aus dem Boden wie Pilze nach einem warmen Regen. Ich denke, auch wir sollten uns diesem Trend nicht verschließen und unserer Jugend die Möglichkeit bieten, den Sport auf einer dafür geeigneten Anlage auszuüben. Deswegen hat die Stadtverwaltung in Zusammenarbeit mit anerkannten Fachleuten ein Konzept erarbeitet, wie so eine Anlage aussehen könnte. Sie haben das Konzept mit den Unterlagen für die heutige Sitzung erhalten."

Die 23 Stadträte und 4 Stadträtinnen kramten in ihren Unterlagen herum. Einige fanden das Konzept sofort, andere suchten noch, als schon die ersten Wortmeldungen erfolgten.

Es begann eine Diskussion, die länger dauerte und viel verbissener geführt wurde als die zum ersten Tagesordnungspunkt. Als ein älterer Stadtrat sagte, man müsse nicht jeden modischen Firlefanz mitmachen und dafür auch noch unnötig Geld ausgeben, weil die Stadt viel wichtigere Aufgaben zu erfüllen habe, rief jemand aus dem Kreis der Zuhörer: „Was sind denn das für wichtige Aufgaben?“

Der Bürgermeister bat um Ruhe und forderte die Zuhörer auf, die Sitzung nicht zu stören.

Die Diskussion wogte weiter hin und her. Philipp beobachtete eine Stadträtin mit knallrot gefärbten Haaren. Im Schutz ihres Nebenmannes und ihres Tisches feilte sie hingebungsvoll ihre Fingernägel. Die Skateranlage schien sie nicht zu interessieren. Sie sah entweder auf ihre Nägel oder ließ den Blick träumerisch durch den Saal schweifen.

„Wir sind früher auch Rollschuh gefahren und haben dazu keine teure Anlage gebraucht“, ereiferte sich eine ihrer Kolleginnen.

„Ach, bei den paar Autos, die damals fuhren, hatten die Kinder ja auch überall Platz“, entgegnete ihr seelenruhig die Rothaarige. Ihre Kollegin stutzte einen Augenblick.

Philipp lächelte.

„Man kann es immer irgendwie hindrehen", giftete ein Stadtrat, der schon rot im Gesicht war. „Und überhaupt möchte ich mal wissen, wozu dieses Dings da gut sein soll." Er schwenkte das Bild einer Halfpipe durch die Luft. „Da brechen sich die Kinder doch nur die Knochen."

„So ein Quatsch!", rutschte es Luca heraus.

Alle Köpfe drehten sich in seine Richtung und einen Augenblick lang war es mucksmäuschenstill.

„Das verbitte ich mir!", zischte der Stadtrat.

Aber Luca hatte lange genug schweigend zugehört und war dabei fast geplatzt. Jetzt ließ er sich nicht mehr bremsen. „Sie haben in Ihrem Leben garantiert noch nie auf Inlineskates gestanden und haben keine Ahnung, was zu einer Anlage gehört. Was beim Skaten gefährlich ist, können Sie doch überhaupt nicht beurteilen, genau wie die meisten hier. Aber *Sie* dürfen bestimmen, ob eine Anlage gebaut wird und wie sie aussehen soll. Das ist doch lächerlich! Wir Skater müssten da vorne sitzen und mitreden, weil wir uns auskennen und weil es um uns geht."

Das war die längste Rede, die Luca je gehalten hatte. Mit dem letzten Wort stand er auf, ging an den

sprachlosen Erwachsenen vorbei und verließ den Ratssaal. Erst als die Tür ins Schloss fiel, löste sich die Erstarrung.

„Das ist ja unerhört“, murmelte jemand. „So weit sind wir also schon, dass ein frecher Rotzjunge den Stadtrat beschimpfen darf?“

„Aber hatte er denn so unrecht?“, fragte Frau Marcarella.

Bürgermeister Weihrauch schüttelte kräftig sein Glöckchen, um für Ruhe zu sorgen. „Meine Damen und Herren, es ist nicht erlaubt, dass sich die Zuhörer an der Diskussion des Stadtrats beteiligen. Und es ist auch nicht üblich, dass einzelne Mitglieder oder der Stadtrat als Ganzes von Zuhörern angegriffen werden. Wenn Sie der Sitzung weiter folgen wollen, muss ich Sie dringend bitten sich ruhig zu verhalten. Andernfalls müssen Sie den Saal verlassen.“

„Das könnte denen so passen, damit sie alles im Geheimen beschließen können“, flüsterte ein Mann hinter Herrn Marcarella. Der drehte den Kopf und legte einen Finger auf den Mund.

Herr Weihrauch versuchte die Wogen zu glätten und bat die Ratsmitglieder Lucas Verhalten nicht überzubewerten. Er sei eben ein jugendlicher Hitzkopf, mit dem sein Temperament durchgegangen sei. Mit einiger Mühe gelang es dem Bürgermeister, die Diskussion wieder auf eine sachliche Ebene zu führen.

Die mit Spannung erwartete Abstimmung endete 14:14, was bei den meisten Zuhörern zu großer Enttäuschung führte, die teilweise lautstark zum Ausdruck kam. Sofort klingelte der Bürgermeister wieder und sagte: „Bei Stimmengleichheit gibt die Stimme des Bürgermeisters den Ausschlag. Da ich für den Bau der Skateranlage gestimmt habe, ist der Antrag damit angenommen."

7. Kapitel

Wer soll Trainer sein?

Schon am nächsten Morgen stand ein Bericht über „eine der turbulentesten Stadtratssitzungen der letzten Jahre“ in der Kreiszeitung. Wieder wurde im Städtchen über die Skateranlage, vor allem jedoch über das Verhalten des Schülers L., geredet.

In der Schule sprach es sich schnell herum, wer der Schüler L. war. Lucas Mitschüler ließen ihn hochleben, weil er sich getraut hatte, dem Stadtrat und dem Bürgermeister die Meinung zu sagen.

Lucas Klassenlehrer, Herr Beierlein, sprach die Sache ebenfalls an: „Ich finde es prima, dass du eine Sitzung des Stadtrats besucht und dich dabei auch noch so engagiert für eure Interessen eingesetzt hast. Allerdings hast du dich anscheinend nicht an die Regeln gehalten und dich im Ton vergriffen, was natürlich nicht in Ordnung ist.“

„Die haben doch nur gelabert, obwohl sie vom Skaten keine Ahnung haben“, verteidigte sich Luca.

„Na, na, na“, sagte Herr Beierlein. „Unsere Stadträte sind keine Dummköpfe, auch wenn sie nicht auf acht Rollen durch die Gegend sausen. Überleg mal, Luca: Eine Stadt hat viele Aufgaben zu erfüllen, die alle Geld kosten. Unsere Schule möchte zum Beispiel einen Computerraum, damit ihr lernen könnt, mit Computern zu arbeiten. Wenn du im Stadtrat wärst und entscheiden müsstest, ob eine Skateranlage gebaut oder ein Computerraum eingerichtet werden soll, wofür würdest du die Hand heben?"

„Für die Skateranlage", antwortete Luca sofort.

„Du spinnst ja", sagte Benjamin. „Ein Computerraum ist doch viel wichtiger für uns."

„Für mich nicht", brummte Luca, weil er zurzeit nur Skaten im Kopf hatte.

„Aber für mich! Ich will das nämlich richtig lernen, weil ich mal 'ne Arbeit will, die was mit Computern zu tun hat. So eine Stelle krieg ich aber nur, wenn ich mich mit Computern schon auskenne", erklärte Benjamin.

Auch ein paar andere Schülerinnen und Schüler beteiligten sich an dem Gespräch. Nach zwanzig Minuten rief Herr Beierlein zu einer Abstimmung auf. Der Computerraum erhielt 16, die Skateranlage 11 Stimmen.

„Tja, Luca", fragte Herr Beierlein. „Was sagst du nun?"

„Nichts."

„Schon an diesem kleinen Beispiel hast du gesehen, dass es nicht immer einfach ist, sich für oder gegen eine Sache zu entscheiden."

„Gott sei Dank war der Stadtrat nicht so bescheuert wie die hier", brummte Luca.

„Na, na, na", sagte Herr Beierlein wieder. „Du kannst deine Mitschüler nicht einfach beleidigen, nur weil sie eine andere Meinung vertreten als du. Das ist nämlich ihr gutes Recht."

Luca schwieg. Vor einer halben Stunde war er noch als Held gefeiert worden und jetzt hackten sie auf ihm herum. Aber das war ihm egal, wichtig war nur, dass der Stadtrat für die Skateranlage gestimmt hatte – wenn auch nur mithilfe der gewichtigeren Stimme des Bürgermeisters.

Doch von der Abstimmung bis zur Fertigstellung der Anlage würde es Monate dauern. Also trafen sich die Skater mit oder ohne Hockeyschläger weiterhin auf dem Parkplatz beim Freibad.

Und eines Nachmittags sagte Philipp: „He, hört mal her, Leute! Ich war gestern in der Krollheim-Siedlung draußen. Dort spielen sie auf dem Hof einer pleitegegangenen Fabrik auch Inlinehockey. Die könnten wir doch zu einem Match herausfordern."

Alle fanden die Idee super und waren sofort dafür.

„Die Krollheimer sind aber nicht schlecht“, fügte Philipp hinzu. „Wenn wir die schlagen wollen, müssen wir uns gewaltig anstrengen.“

„Na und?“, fragte Luca. „Dann strengen wir uns eben an. Was die Krollheimer können, können wir schon lange.“

„So einfach ist das nicht“, widersprach Philipp. „Ich glaube, wenn wir besser werden wollen als die, müssen wir richtig trainieren.“

„Und du willst natürlich unser Trainer sein, weil du aufs Gymnasium gehst“, sagte Luca spitz. „Du bist ein – …“

„Ein was? Na los, sag's doch!“

„Luca, spinnst du?!“, rief Dorothee. „Was soll der Quatsch? Ob jemand aufs Gymnasium geht oder auf die Hauptschule, ist doch hier egal.“

„Genau“, stimmten die anderen ihr zu.

„Meinetwegen kannst du uns auch sagen, was wir trainieren sollen“, sagte Philipp zu Luca. „Hauptsache, wir werden besser.“

Alle schauten Luca an. Der guckte lange auf den Boden, bevor er etwas in seinen nicht vorhandenen Bart murmelte: „Ich will nicht der Trainer sein.“

„Aber du musst uns zeigen, wie man am schnellsten bremst, weil du es am besten kannst“, sagte Philipp. „Das ist beim Hockey sehr wichtig.“

Sie überlegten gemeinsam, was noch wichtig ist: schnell starten, rückwärtsfahren, den Ball führen, genau zuspielen.

Als Erstes wollten sie das schnelle Bremsen üben. „Mit dem Stopper zu bremsen könnt ihr vergessen“, meinte Luca. „Sonst dauert es ewig, bis ihr steht. Schnell bremsen könnt ihr nur mit quer gestelltem Fuß. Natürlich dürft ihr bei hohem Tempo die Rollen nicht einfach quer gegen den Boden rammen, sonst überschlagt ihr euch. Das muss man mit Gefühl machen. Ich zeig's euch mal.“

Luca fuhr einen Kreis und bremste vor den anderen ab. Dabei rubbelten die quer gestellten Rollen kurz über den Asphalt, bevor sie endgültig standen.

„Zeig's noch mal“, bat Daniel. „Aber langsamer.“

Luca fuhr eine kleine Runde wie in Zeitlupe, stellte den rechten Fuß quer und stand sofort. Dann probierten es die anderen auch. Luca beobachtete ihre Bewegungen genau, korrigierte da und dort etwas, gab Hilfestellung und Tipps. Es dauerte nicht lange, bis sich Fortschritte zeigten. Nur Daniel schaffte es noch nicht. Er war froh, wenn er mit dem Stopper bremsen konnte und dabei nicht stürzte.

Nach dem Bremsen übten sie das Starten. Philipp, Luca und Hakan führten genau vor, wie sie es schafften, so schnell loszuzischen.

Und wieder versuchten die anderen es nachzumachen.

Nach einer Weile fragte Mario: „Wann spielen wir denn endlich?“

„Hast du nicht kapiert, dass wir trainieren müssen, wenn wir gegen die Krollheimer gewinnen wollen?“, fragte Hakan.

„Ja, schon“, grummelte Mario. „Aber immer nur starten und bremsen ist ja langweilig.“

„Es geht nicht darum, ob etwas langweilig oder interessant ist“, meinte Philipp, „sondern darum, dass wir das üben müssen, um besser zu werden.“

Also trainierten sie weiter, bis nach einer guten halben Stunde die meisten genug hatten und lieber spielen wollten.

8. Kapitel

Wilde Engel auf Erfolgskurs

Nachdem die Freunde zwei Wochen lang fleißig trainiert hatten, waren alle viel besser. Sie skateten hinaus in die Siedlung und forderten die Krollheimer zu einem Spiel heraus.

„Ihr wollt gegen uns spielen?“, fragte ein Junge, der noch größer als Philipp und Luca war. „Mit diesen Zwergen?“ Dabei zeigte er auf Jens, Mario und Vedran.

„Wir sind keine Zwerge, du!“, zischte Mario.

„Ach nee, dann seid ihr wohl kleine Riesen, was?“, sagte der Junge und lachte.

„Und was wollen die Mädchen hier?“, fragte ein anderer.

„Was wohl?“, fragte Melinda zurück. „Dreimal darfst du raten.“

„Mitspielen?“

„Was denn sonst?“

„Das soll wohl ein Witz sein.“ Der große Junge schüttelte den Kopf. „Ich spiele doch nicht gegen Zwerge und Weiber.“

„Tja, wenn ihr euch nicht traut", sagte Philipp und zog die Schultern hoch. „Aber wir haben nicht gedacht, dass ihr solche Feiglinge seid."

„Feiglinge?!" Der Junge lachte. „Euch putzen wir doch weg wie nichts!"

Luca wollte etwas erwidern, aber Philipp kam ihm zuvor. „Also gut, wann und wo spielen wir?"

„Gleich hier, wenn ihr euch traut."

„Sollen wir vielleicht ohne Schläger gegen euch spielen?", fragte Hakan.

„Dann hätten sie größere Chancen", flüsterte Dorothee und kicherte.

„Wir machen es wie beim Fußball", schlug einer der Krollheimer vor. „Mit Hin- und Rückspiel."

Damit waren alle einverstanden. Philipp zog eine Münze aus der Tasche und fragte: „Kopf oder Zahl?"

„Zahl."

Philipp warf die Münze hoch, sie landete mit dem Kopf nach oben. Nach kurzer Beratung mit seinem Team sagte Philipp: „Wir spielen zuerst bei euch und das Rückspiel findet bei uns statt."

So geschah es. Schon am nächsten Nachmittag standen sich die beiden Mannschaften gegenüber. Die Krollheimer waren körperlich klar überlegen und nutzten diese Überlegenheit aus.

Dominik und Vedran landeten gleich zu Beginn ziemlich unsanft auf dem Boden und trauten sich danach kaum noch etwas. Dorothee fuhr nur am Spielfeldrand hin und her, um in keinen Zweikampf verwickelt zu werden. Auch Melinda und Mario gingen den großen Jungen lieber aus dem Weg. Und Daniel verzichtete freiwillig auf einen Einsatz.

Philipp, Luca und Hakan kämpften zwar wie die Löwen, konnten aber eine 2:6-Niederlage nicht verhindern. Dass sie nicht noch höher ausfiel, hatten sie vor allem Jens zu verdanken, der alles hielt, was überhaupt zu halten war.

Ziemlich enttäuscht, die hämischen Bemerkungen der Krollheimer noch in den Ohren, fuhren sie nach Hause und hätten ihre Hockeyschläger am liebsten weggeworfen.

Zwei Tage später war die Stimmung schon wieder besser. Nur Dorothee sagte: „Ich glaube, Hockey ist doch nichts für mich. Ich fahre lieber wieder ohne Schläger."

„Wieso denn?", fragte Melinda. „Es ist doch nicht schlimm, dass wir verloren haben."

„Deswegen ist es nicht", murmelte Dorothee. „Ich habe einfach zu viel Angst."

„Ach komm", versuchte Melinda sie umzustimmen. „Ohne dich macht es mir auch keinen Spaß."

„Mir auch nicht", sagte Vedran und schaute Dorothee tief in die Augen.

Sie wurde rot und guckte auf den Boden.

„Wollt ihr etwa nach der ersten Niederlage schon aufgeben?", fragte Luca.

„Warum müssen wir überhaupt gegen andere Mannschaften spielen?", fragte Melinda zurück.

„Weil das viel interessanter ist, als wenn wir immer nur untereinander spielen", antwortete Luca.

„Aber nicht, wenn die anderen viel besser sind als wir", meinte Melinda.

„Die sind nicht viel besser, sondern nur viel größer als wir", widersprach ihr Mario.

„Stimmt", sagte Philipp. „Deswegen müssen wir nächstes Mal anders spielen. Wir dürfen uns auf keine Zweikämpfe und Laufduelle einlassen, sonst haben wir keine Chance. Wir müssen den Ball laufen lassen, der ist nämlich schneller als die Krollheimer. Und das trainieren wir jetzt gleich."

Luca, Philipp und Hakan spielten zusammen, weil sie die Größten und Schnellsten waren. Und sie gingen ganz schön zur Sache, um so die anderen zum schnellen Abspielen zu zwingen. Nach anfänglichen Schwierigkeiten klappte es immer besser und die „Kleinen" freuten sich jedes Mal, wenn es ihnen gelang, die drei „Großen" auszuspielen.

„Gut so!", rief Philipp nach einer schönen Kombination. „Wir müssen gegen die Krollheimer ständig in Bewegung sein, sodass immer mindestens zwei oder drei von uns angespielt werden können. Dann packen wir sie!"

Langsam wurde auch Dorothee wieder mutiger. Und als es ihr sogar gelang, Luca mit einem Beinschuss zu überlisten, sprang sie vor Freude in die Luft. Melinda fuhr zu ihr und umarmte die Freundin. Das hätte Vedran am liebsten auch getan, aber er traute sich nicht.

Nach dem Trainingsspiel sagte Luca: „Wenn wir hier gegen die Krollheimer spielen, sollten wir wie eine richtige Mannschaft aussehen."

„Wie meinst du das?", fragte Hakan.

„Na, es sollte eben nicht jeder spielen, wie er gerade rumläuft“, erklärte Luca, „sondern irgendwie alle gleich.“

„In einem Trikot?“ Hakan tippte sich an die Stirn. „Hast du eine Ahnung, was das kostet?“

„Es muss ja kein richtiges Trikot sein“, nahm Melinda Lucas Gedanken auf, „aber vielleicht das gleiche T-Shirt.“

Das hielten alle für eine gute Idee. Und nach kurzer Diskussion einigten sie sich auf die Farbe Blau.

„Was haltet ihr davon, wenn wir uns auch einen Namen geben?“, fragte Philipp.

„O ja, das ist gut!“, rief Hakan. „Wir nennen uns die *Blauen Teufel!*“

Die anderen waren von seinem Vorschlag nicht so begeistert. Alle machten Vorschläge, von *Adler* bis *Zombies,* aber ein richtiger Knüller war nicht dabei.

„Engel“, murmelte Vedran, als er – wie so oft – heimlich Dorothees blonde Haare betrachtete.

„Engel?“ Luca guckte Vedran an, als sei der völlig durchgeknallt. Auch Hakan und Dominik fanden *Engel* unmöglich.

Philipp überlegte laut. „Die meisten nennen sich *Teufel, Haie, Bullen* und so weiter. Das ist nicht mehr besonders originell. Aber *Engel* … hm, ich weiß nicht so recht.“

„Dann meinen die anderen noch, wir sind so lieb und brav wie Engel“, gab Mario zu bedenken.

„Wir sind aber nicht lieb und brav“, brummte Hakan. „Im Gegenteil!“

„Im Gegenteil“, wiederholte Melinda, „wir sind wild!“

„Wilde Engel!“, rief Philipp. „Das ist es! Wir nennen uns Wilde Engel – und zwar auf Englisch: *Wild Angels!*“

„Ich kann aber kein Englisch“, meckerte Mario.

„Die zwei Wörter wirst du wohl noch schaffen“, sagte seine Schwester. „*Wild Angels* klingt nämlich cool, saucool sogar.“

9. Kapitel

Melindas Inliner sind weg!

Am Samstagnachmittag schnallten sich Frau und Herr Marcarella ihre Inlineskates an.

„Ich komme mit!“, rief Mario, der seinen Eltern bei dieser Gelegenheit zeigen wollte, was er inzwischen alles gelernt hatte.

„Kommst du auch mit?“, fragte er Melinda.

Seine Schwester schüttelte den Kopf. Sie war immer noch dagegen, dass ihre Eltern skateten. Aber wenn sich die beiden unbedingt lächerlich machen wollten, musste sie ja nicht dabei sein.

„Schade“, sagte Frau Marcarella, „zu viert wäre es bestimmt schöner.“

„Ich hab aber keine Lust zum Skaten.“

„Lass sie doch, wenn sie nicht will“, sagte Herr Marcarella. „Wir werden auch zu dritt unseren Spaß haben.“

Also fuhren die drei los. Am Samstag war um diese Zeit nicht mehr so viel Leben auf den Straßen, sodass sie problemlos den Stadtrand erreichten. Dort begann ein Radweg, auf dem man herrlich skaten konnte –

und durfte. Während die Eltern es ruhig angehen ließen, zischte Mario los, drehte um und kam ziemlich flott zurück.

„Anhalten!“, rief Frau Marcarella und hob abwehrend die Hände.

„Mario!“, schrie Herr Marcarella ängstlich.

Mario sauste heran und bremste erst kurz vor ihnen ab.

„He, wie hast du denn das gemacht?“, fragte sein Vater beeindruckt.

Mario erzählte stolz, wie fleißig sie in letzter Zeit trainiert hatten, um gegen die Krollheimer zu gewinnen.

„Und wer trainiert euch?“

„Wir selbst“, antwortete Mario. „Wer etwas gut kann, zeigt den andern, wie es geht.“

„Das finde ich super“, sagte Frau Marcarella.

„Und ihr könnt alle so gut fahren wie du?“, fragte Herr Marcarella.

„Philipp, Luca und Hakan sind die Besten. Aber die sind ja auch viel größer als ich“, fügte Mario schnell hinzu.

„Und trotzdem lassen sie dich mitspielen?“, wunderte sich seine Mutter.

„Klar, ich bin doch ein *Wild Angels.*“

„Was bist du?“

„Ein *Wild Angels.* So heißt unsere Mannschaft", erklärte Mario.

Seine Eltern schmunzelten.

„Soso, ein *Wild Angel* bist du", sagte Herr Marcarella. „Na, dann flieg mal los, du wilder Engel!"

Als die drei von ihrem „Ausflug" zurückkamen, saß Melinda auf der Treppe und weinte.

„Was ist denn passiert?", fragte Frau Marcarella besorgt.

Zuerst konnte Melinda vor lauter Weinen nicht antworten. Erst langsam wurden aus dem Stammeln verständliche Sätze: Sie hatte mit ihren Inlineskates zu Dorothee fahren wollen und in der Wohnung etwas vergessen. Da hatte sie die Inliner auf der Treppe stehen lassen – und als sie wieder aus der Wohnung gekommen war, waren sie verschwunden.

„Die hat einer geklaut", sagte Mario sofort.

„Oder versteckt, um Melinda einen Streich zu spielen", vermutete Frau Marcarella.

„Dann wäre es aber höchste Zeit, den Streich zu beenden", sagte Herr Marcarella ziemlich laut und schaute sich dabei um, konnte jedoch nichts Verdächtiges entdecken.

Die drei zogen ihre Inliner aus und Schuhe an. Dann suchten sie zu viert alles ab, aber vergeblich.

„Wenn ich keine Inlineskates habe, kann ich gegen die Krollheimer doch gar nicht mitspielen“, nuschelte Melinda und fing wieder an zu weinen.

„Nun mal langsam“, versuchte Frau Marcarella ihre Tochter zu trösten. „Vielleicht tauchen sie ja doch noch auf. Und wenn nicht, finden wir auch eine Lösung.“

Herr Marcarella nickte. „Schließlich sollst du nicht bestraft werden, falls wirklich jemand deine Inlineskates geklaut hat ... obwohl du sie nicht einfach vor dem Haus hättest stehen lassen sollen.“

„Wer denkt denn schon an so was?“, rief Frau Marcarella aufgeregt. „Einem Kind einfach die Sachen wegzunehmen – das ist doch wirklich unglaublich!“

Eine halbe Stunde später war Melinda auf dem Weg zu ihrer Freundin Dorothee. Sie hatten vorgehabt, sich von Hasso auf den Inlinern ziehen zu lassen. Aber daraus wurde nun ja nichts. Weil Hasso trotzdem ausgeführt werden musste, gingen die beiden Mädchen zu Fuß mit ihm los.

Nach einer Weile sahen sie einen Jungen, der auf dem fast leeren Parkplatz eines Supermarkts mit Inlineskates fuhr. Schon von Weitem war zu erkennen, dass er sehr unsicher auf den acht Rollen stand – meistens saß oder lag er auf dem Boden.

Als sie näher kamen, erkannte Melinda den Jungen. „Das ist doch Nico aus dem Block bei uns gegenüber. Seit wann hat der denn Inliner? Und noch dazu welche, die genauso aussehen wie meine?!"

„Vielleicht hat der ja deine geklaut."

„Komm, wir pirschen uns näher ran", flüsterte Melinda aufgeregt.

Im Schutz der parkenden Autos näherten sie sich Nico. Plötzlich bellte Hasso und Nico landete vor Schreck auf dem Po.

„Pssst", machte Dorothee und hielt Hasso die Schnauze zu, sodass er nur noch fiepen konnte.

Im Entengang schlichen sie sich zwischen den Autos weiter heran, ohne dass Nico sie bemerkte.

„Komm", sagte Melinda.

Sie standen auf und kamen hinter den Autos hervor. Dorothee ließ Hassos Schnauze los, sodass er wieder bellen konnte, was er auch kräftig tat. Nico fuhr herum und erschrak.

„Seit wann hast du denn Inlineskates?", wollte Melinda wissen.

„Das geht dich gar nichts an."

„Da bin ich nicht so sicher."

Nico drehte sich um und wollte davonfahren, verlor das Gleichgewicht und stürzte nach vorn. „Au!", rief er und rieb sich die Knie.

„Warum hast du denn keine Knieschützer?", fragte Melinda.

„Das geht dich auch nichts an."

Melinda beugte sich vor und schaute die Skates genau an. Dabei entdeckte sie am rechten Schuh eine Schramme, die ihr bekannt vorkam. „Wo hast du die Dinger her?"

„Gekauft."

„Und wo?"

„Ach, lass mich doch in Ruhe!" Nico versuchte, wieder auf die Beine zu kommen.

Melinda flüsterte ihrer Freundin etwas ins Ohr. Dorothee nickte und drohte Nico: „Wenn du nicht sofort die Wahrheit sagst, hetze ich Hasso auf dich! Dann brauchst du keine Inliner mehr. Der macht nämlich Hackfleisch aus dir!"

Nico schielte ängstlich zu Hasso, der allerdings so friedlich neben Dorothee saß, als könne er keinem auch nur ein Haar krümmen. Um diesen Eindruck zu ändern, zog Dorothee zweimal kurz an der Leine und sagte: „Hasso, fass!"

Blitzschnell war Hasso auf den Beinen, zerrte an der Leine und bellte Nico wie wild an. Dorothee hatte Mühe, den Hund festzuhalten.

Nico wich zurück und stammelte: „Ich … ich hab gedacht, … die … die gehören niemandem."

„Und dann hast du sie dir einfach geschnappt und mitgenommen?!" Melinda konnte es kaum fassen. „Das ist ja der Hammer!"

„Du bist eine ganz fiese Type", sagte Dorothee. „Ich hätte wirklich Lust, Hasso loszulassen."

„Nein, bitte nicht!"

„Zieh sofort meine Inliner aus!", befahl Melinda.

Nico setzte sich und zog die Schuhe aus.

„Und jetzt verschwinde!"

Zuerst tappte Nico langsam rückwärts und ließ Hasso dabei nicht aus den Augen. Als er ein paar

Meter entfernt war, drehte er sich um und rannte auf Socken wie der Teufel davon.

10. Kapitel

Ein spannendes Spiel

Dorothees Eltern hatten inzwischen erfahren, dass ihre Tochter Inlinehockey spielte, und waren davon gar nicht begeistert.

„Das ist doch viel zu gefährlich für dich", meinte ihre Mutter besorgt.

Bevor Dorothee etwas erwidern konnte, sagte ihr Vater: „Wir haben angenommen, dass du mit deinen Inlineskates einfach so zum Spaß fährst. Von Hockey war doch nie die Rede."

„Ich fahre ja auch, weil es mir Spaß macht. Und Hockey zu spielen, macht eben noch mehr Spaß."

„Soviel ich gehört habe, spielen da Jungs mit", sagte er.

Dorothee nickte. Dass außer ihr und Melinda *nur* Jungen mitspielten, musste sie ja ihren Eltern nicht unbedingt auf die Nase binden.

„Dass dir so etwas Spaß macht, verstehe ich nicht", sagte ihre Mutter kopfschüttelnd.

„Ist Inlinehockey mit Jungs nicht wirklich zu gefährlich für ein Mädchen wie dich?", fragte ihr Vater.

„Bestimmt nicht“, antwortete Dorothee sofort. „Wir haben nämlich trainiert, damit wir nicht in Zweikämpfe verwickelt werden.“

„Zweikämpfe!“ Ihre Mutter schlug die Hände zusammen. „Du sprichst ja schon wie eine Boxerin.“

„Nun übertreib bitte nicht und lass uns die Sache in Ruhe bereden“, sagte Dorothees Vater zu seiner Frau.

„Bereden?“ Sie verzog das Gesicht. „Das läuft doch wieder so wie immer: Deine Tochter wickelt dich um den Finger und du gibst nach.“

„Mich wickelt überhaupt niemand um den Finger“, widersprach er energisch. „Ich gebe auch nicht einfach nach, höchstens wenn mir etwas einleuchtet. Und dass Dorothee als Ausgleich zum Lernen Sport treibt, finde ich sehr sinnvoll.“

„Aber es muss ja nicht gerade ein Sport mit Zweikämpfen sein.“

„Ich habe doch gesagt, dass wir den Zweikämpfen aus dem Weg gehen“, versuchte Dorothee ihre Mutter zu beruhigen.

„Das möchte ich sehen“, sagte sie spitz.

Ihr Mann nickte. „Ich auch. Deswegen werden wir uns die Sache mal anschauen, damit wir uns ein besseres Bild davon machen können. Wann spielt ihr denn wieder?“

„Morgen Nachmittag um fünf gegen die Krollheimer", antwortete Dorothee und fragte sich im selben Augenblick, ob sie das lieber nicht hätte sagen sollen. Trotz ihrer Taktik würde es gegen die Krollheimer vermutlich ganz schön zur Sache gehen. Aber nun war es zu spät. Gesagt war gesagt.

Am nächsten Tag standen Dorothees Eltern pünktlich um fünf am Spielfeldrand – und sie waren nicht die einzigen Zuschauer. Auch andere Eltern und Inlinehockey-Fans waren gekommen. Etwas abseits stand Herr Besenthal mit grimmiger Miene.

Die *Wild Angels* hatten aus Holzlatten und Gardinenstoff zwei Tore gezimmert und mit Kreide ein Spielfeld auf den Parkplatz gezeichnet. Ebenfalls mit Kreide hatten alle auf die Rückseite ihrer blauen T-Shirts ganz groß *WA* geschrieben. Zum Spielbeginn fuhren sie hintereinander in den Mittelkreis, stellten sich in einer Reihe auf und verbeugten sich vor den Zuschauern, die freundlich klatschten.

„Was sollen denn diese Mätzchen?", fragte der Krollheimer Kapitän säuerlich.

„Wieso Mätzchen?", fragte Philipp zurück. „So begrüßen richtige Teams ihre Fans."

„Wir werden euch gleich zeigen, wer hier ein richtiges Team ist", stichelte der Krollheimer.

Die *Wild Angels* begannen das Spiel mit folgender Aufstellung:

Jens

Hakan

Philipp Dominik

Melinda Luca Dorothee

Mario

Vedran und Daniel sollten je nach Spielverlauf eingewechselt werden.

Wie im Hinspiel versuchten die Krollheimer den *Wild Angels* sofort den Schneid abzukaufen. Aber die ließen sich nicht einfach über den Haufen fahren wie beim letzten Mal: Sie wichen den Angriffen so geschickt aus, als hätten sie Flügel. Nur Hakan ging keinem Zweikampf aus dem Weg. Wenn die Krollheimer angriffen und in die Nähe des Tores kamen, fuhr er dazwischen wie der Teufel. Trotzdem konnte auch er nicht verhindern, dass nach zehn Minuten plötzlich zwei Krollheimer allein vor Jens auftauchten und ihm keine Chance ließen.

„Mist!“, schimpfte Hakan. „Ihr müsst mehr rangehen!“, schrie er nach vorn.

„Eben nicht!“, rief Philipp zurück. „Wir müssen noch schneller abspielen.“

Das versuchten die *Wild Angels* – und es klappte von Minute zu Minute besser. Mehrfach bekamen sie von den Zuschauern Beifall für ihre schönen Spielzüge. Als Luca und Dorothee einen heranbrausenden Krollheimer mit schnellem Doppelpass ausspielten, klatschte Dorothees Vater besonders kräftig.

„Das war super! Unsere Mädchen machen ihre Sache wirklich gut, nicht wahr?“, rief Frau Marcarella.

„Sehr gut sogar“, stimmte ihr Dorothees Vater zu. „Ich hätte nie gedacht, dass sie gegen die Riesenkerle überhaupt eine Chance haben, an den Ball zu kommen. Aber unsere spielen mit Köpfchen und das imponiert mir.“

„Mir wäre ein anderer Sport für die Mädchen trotzdem lieber“, murmelte seine Frau. „Wie schnell kann hier etwas passieren.“

„Passieren kann immer und überall etwas“, sagte Frau Marcarella gelassen.

Während die Eltern redeten, trieb Luca den Ball in die gegnerische Hälfte. Als er angegriffen wurde, spielte er nach rechts zu Melinda, die den Ball direkt zu ihrem Bruder weiterleitete.

Ihm stellte sich nun der Krollheimer Kapitän in seiner ganzen Größe in den Weg. Einen Moment lang sah es so aus, als ließe Mario den Ball einfach liegen und suche das Weite. Aber das täuschte gewaltig: Der kleine Mario ließ den großen Krollheimer näher kommen, schob den Schläger unter den Ball und lupfte ihn im richtigen Augenblick über den Schläger seines Gegners zur frei stehenden Dorothee. Die fackelte nicht lange und erzielte mit einem schönen Schuss den Ausgleich.

„Spitze, Dorothee!!“, schrie ihr Vater. „Hast du das gesehen?“, fragte er und stieß seine Frau so begeistert an, dass sie fast das Gleichgewicht verlor.

„Nicht so richtig“, gab sie zu.

„Jetzt schießt unsere Tochter ein Tor und du hast es nicht richtig gesehen!“, sagte er. „Tja, Pech gehabt.

WA

Eine Wiederholung wie im Fernsehen gibt's hier leider nicht."

„Vielleicht schießt sie ja noch ein Tor", antwortete Dorothees Mutter und machte den Hals lang, um besser zu sehen.

Die Marcarellas konnten sich ein Grinsen nicht verkneifen.

„Und wie der Kleine den Großen ausgetrickst hat", schwärmte Dorothees Vater, „einfach köstlich."

„Das ist unser Mario", sagte Herr Marcarella und man hörte den Stolz in seiner Stimme.

„Dabei haben nicht mal alle richtige Hockeyschläger, wenn ich das richtig sehe", stellte Dorothees Vater fest. „Unsere Töchter zum Beispiel spielen mit umgedrehten Spazierstöcken. Oder irre ich mich?"

Herr Marcarella nickte.

„Die wissen sich zu helfen", sagte Dorothees Vater. „Das gefällt mir. Halten nicht einfach die Hand auf und kaufen sich teure Schläger, sondern lassen sich selbst etwas einfallen."

Nicht nur die Zuschauer waren mit den *Wild Angels* zufrieden, auch die Mannschaft selbst strahlte in der Pause um die Wette.

„Wir haben gespielt wie die Weltmeister", lobte Luca sich und die anderen. „Wenn wir so weitermachen, gewinnen wir!"

„Aber es wird schwer", warf Hakan ein. „Die machen in der zweiten Halbzeit garantiert noch mehr Druck."

„Klar", stimmte Philipp ihm zu. „Aber je wilder sie anrennen, desto mehr Chancen haben wir, sie auszukontern, wenn wir so klug und ruhig spielen wie bisher."

Die Krollheimer standen schon wieder auf dem Platz und konnten die zweite Halbzeit kaum erwarten. Wie von den *Wild Angels* vorausgesehen, stürmten sie sofort los, um möglichst schnell in Führung zu gehen. Doch Jens machte ihnen einen Strich durch die Rechnung. Er schien ein Dutzend Arme und Beine zu haben. Mal fischte er mit der Hand einen Ball aus der Torecke, mal verhinderte er mit der Schuhspitze ein Tor, mal warf er den Schläger weg und begrub den Ball unter sich. Ein Krollheimer zertrümmerte aus Wut seinen Schläger, nachdem Jens einen scharfen Schuss mit einer Reflexbewegung noch an den Pfosten gelenkt hatte.

„Der Kleine im Tor ist ja ein richtiger Teufelskerl", sagte jemand. Es war der Bürgermeister, Herr Weihrauch, der sich zwischen die Zuschauer gestellt hatte. Ob er absichtlich oder zufällig vorbeigekommen war, wusste niemand. Jedenfalls verfolgte er die zweite Halbzeit genauso interessiert wie die anderen. Und er war von dem Eifer, mit dem beide Mannschaften zur Sache gingen, stark beeindruckt.

Kurz vor Schluss wollten die Krollheimer die Entscheidung erzwingen. Sie griffen mit sechs Mann an und drängten die *Wild Angels* in ihre Hälfte zurück. Dort spielten sie den Ball hin und her und lauerten auf eine Lücke zum Torschuss.

Plötzlich spritzte Luca dazwischen, erwischte den Ball und erlief sich mit seinem explosiven Antritt schnell zwei, drei Meter Vorsprung. Auch den letzten Krollheimer umkurvte Luca mühelos und stürmte allein dem Tor entgegen. Der Krollheimer warf seinen Schläger, um Luca auf diese Weise doch noch zu stoppen. Der Schläger sauste über den Asphalt und knallte gegen Lucas linken Schuh. Luca verlor das Gleichgewicht, fuhr ein paar Meter auf einem Bein, ruderte mit den Armen, schaffte es, einen Sturz zu vermeiden, kam wieder auf beide Beine, erwischte den Ball vor dem herausfahrenden Torhüter – und erzielte das 2:1! Er riss die Arme hoch und ließ sich von den *Wild Angels* feiern.

Auch die Zuschauer klatschten und Bravorufe waren zu hören. Dazwischen mischten sich ein paar Pfuirufe, die dem unfairen Krollheimer Abwehrspieler galten.

„Der gehört vom Platz!", rief jemand.

Hätte ein Schiedsrichter das Spiel geleitet, wäre dem Krollheimer mit Sicherheit die rote Karte gezeigt worden. Aber so blieb den *Wild Angels* nichts anderes übrig, als sich über das unfaire Verhalten aufzuregen.

In den letzten drei Minuten fiel kein Tor mehr, so sehr sich die Krollheimer auch bemühten. Nach dem Schlusspfiff standen sie wie begossene Pudel herum, während die *Wild Angels* Freudentänze aufführten. Als sie sich einigermaßen beruhigt hatten, fuhren sie an den Spielfeldrand und ließen sich von den Zuschauern für ihre tolle Leistung beglückwünschen. Selbst Herr Besenthal, der immer noch ein wenig abseits stand, schien nicht mehr ganz so grimmig zu schauen wie zu Beginn des Spiels.

„Kinder, ihr wart super!", rief Dorothees Vater begeistert. „Und das, obwohl ihr nicht mal alle mit richtigen Hockeyschlägern gespielt habt. Aber das soll nicht mehr vorkommen. Wer einen Schläger braucht, bekommt gleich morgen einen von mir."

Dorothee fiel ihm um den Hals.

„Bravo!", riefen einige.

„Und damit in Zukunft alle gleich sehen, dass ihr eine Mannschaft seid", fuhr Dorothees Vater fort, „stifte ich euch ein schönes Trikot dazu, auf dem groß *Wild Angels* steht."

Die Kinder jubelten und konnten ihr Glück kaum fassen.

„Deine Eltern sind ja gar nicht geizig", flüsterte Luca Dorothee zu.

„Ja, sie sind toll", sagte sie nur und strahlte übers ganze Gesicht.

„Wenn ihr jetzt eine richtige Mannschaft seid, braucht ihr natürlich auch einen richtigen Platz",

sagte Herr Weihrauch. „Ich verspreche euch, dass wir die Skateranlage mit einem Hockeyfeld so bald wie möglich fertigstellen werden.“

11. Kapitel

Jetzt wird gefeiert!

Bürgermeister Weihrauch hielt sein Versprechen: Nach knapp drei Monaten war die Anlage fertig und wurde an einem Wochenende eingeweiht. Am Samstagnachmittag eröffnete der Bürgermeister sie mit einer Rede. Er schilderte kurz die Stationen von der Idee bis zum Bau der Anlage. Auf humorvolle Weise erzählte er, wie im Frühjahr ein paar Kinder auf Inlineskates direkt ins Rathaus gekommen waren und sich bei ihm beschwert hatten, dass sie keinen Platz zum Skaten hätten. Das habe ihm sehr imponiert. Auch auf die entscheidende Sitzung des Stadtrats ging er ein: „Damals hat ein Junge uns allen mal so richtig die Meinung gesagt und zumindest einige von uns zum Nachdenken gebracht. Die Verwaltung und der Stadtrat werden in Zukunft bei Themen, die Kinder und Jugendliche betreffen, auch Kinder und Jugendliche *anhören,* um ihre Wünsche und Interessen besser berücksichtigen zu können."

An dieser Stelle wurde der Bürgermeister von kräftigem Beifall unterbrochen.

„Nun wünsche ich allen kleinen und großen Inlineskatern viel Spaß auf dieser neuen Anlage – oder, wie man heute sagt: *Have Fun!*"

Als Auftakt der ersten „Inline-Fun-Tage" stand ein Inline-Volkslauf auf dem Programm. Dazu hatten sich überraschend viele Teilnehmerinnen und Teilnehmer angemeldet. Der jüngste war gerade mal sieben Jahre alt und die älteste genau sechzig Jahre älter. Zahlreiche Bürger der kleinen Stadt säumten die abgesperrten Straßen. Unter ihnen war auch wieder ein alter Mann mit einem Gehstock, der kopfschüttelnd dem Treiben zusah …

Pünktlich um halb drei gab der Bürgermeister das Startzeichen und der Pulk setzte sich in Bewegung. Mit dabei waren natürlich sämtliche *Wild Angels,* die versuchten, vom Start weg zusammenzubleiben. Aber Jens und Daniel konnten das Tempo nicht lange mithalten.

„Fahrt weiter!", rief Jens. „Wir kommen nach."

„Ich schaff das Tempo auch nicht mehr lange", sagte Dominik.

„Also, was ist?", fragte Dorothee. „Bleiben wir zusammen oder fährt jeder für sich allein?"

„Wir bleiben zusammen, ist doch klar", sagte Vedran und lächelte Dorothee an. Sie lächelte zurück.

Hakan, Luca und Philipp zögerten mit einer Antwort. Alle drei rechneten sich Chancen aus, im Ziel bei den Ersten zu sein.

„He, was ist?“, fragte Melinda.

„Okay“, entschied Philipp nach kurzem Blickkontakt mit Luca und Hakan. „Wir bleiben zusammen.“

Der Rundkurs durch die Stadt war etwa eineinhalb Kilometer lang und sollte dreimal durchfahren werden. Das schafften viele nicht. Die Ersten gaben schon nach einer Runde auf. Andere saßen nach zwei Runden mit Blasen an den Füßen am Straßenrand. Herr Marcarella hätte sich am liebsten zu ihnen gesetzt, aber seine Frau feuerte ihn immer wieder an. Um nicht als Versager dazustehen, fuhr er weiter. Auch Jens, Daniel und Dominik hielten nur durch, weil die anderen Engel sie zwischendurch zogen und schoben. Erschöpft, aber strahlend rollten die *Wild Angels* Hand in Hand über die Ziellinie. Sie freuten sich, dass es alle geschafft hatten.

Als sich die Kette einige Meter hinter dem Ziel auflöste, hielt Vedran Dorothees Hand weiter fest. Er zog sie ein Stück zur Seite, weg von den anderen.

„Du, Dorothee …“, murmelte er.

„Ja, was ist!?“ Dorothee erschrak selbst darüber, wie ungeduldig und aufgeregt ihre Stimme klang.

„Sollen wir nachher ...?“ Vedran schluckte. „Sollen wir ins Eiscafé gehen? Die sollen da seit ein paar Tagen ein sehr gutes ...“

„Ja!“, fiel ihm Dorothee schnell ins Wort – und strahlte übers ganze Gesicht.

Am Sonntagmorgen um elf Uhr durften die *Wild Angels* in einem Freundschaftsspiel gegen die Jugendmannschaft des Nachbarorts den neuen Hockeyplatz einweihen. Doch der anstrengende Volkslauf vom Vortag steckte einigen noch so in den Knochen, dass sie nicht gerade wie Engel über das Spielfeld schwebten. In dieser Verfassung hatten sie gegen das ausgeruhte und eingespielte Team der Gegner natürlich keine Chance. Aber das machte nichts: Wie gut sie spielen konnten, hatten sie ja gegen die Krollheimer eindrucksvoll gezeigt.

Absoluter Höhepunkt der beiden Tage war eine Halfpipe-Show mit dem Jugend-Europameister. Der sauste wie der Blitz durch die halbe Röhre, zeigte hochklassige Kunststücke und Tricks, schlug Saltos vorwärts und rückwärts, dass dem staunenden Publikum die Luft wegblieb.

„So werde ich auch mal durch die Luft fliegen", murmelte Luca beeindruckt.

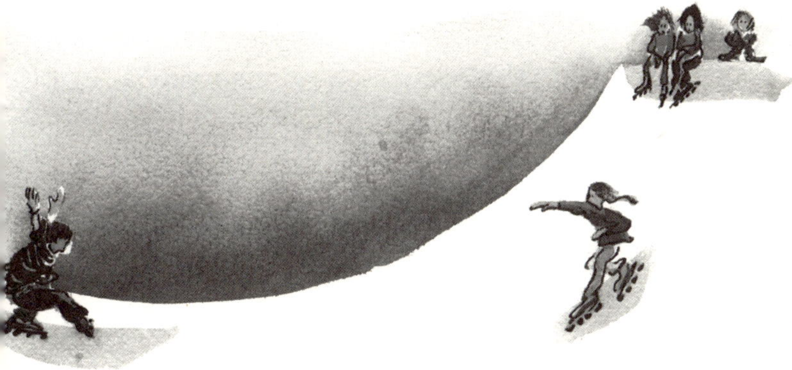

„Du spinnst ja“, meinte Dominik.

„Ab morgen trainiere ich jeden Tag – so lange, bis ich das kann“, sagte Luca ruhig.

„Und was ist mit Hockey?“, wollte Melinda wissen.

„Hockey spiele ich natürlich auch“, antwortete er. „Oder glaubst du vielleicht, ich lasse die *Wild Angels* im Stich?“